VULTURE

WHALE

THiS BOOK BELONGS TO

OTTER

FOOTBALL

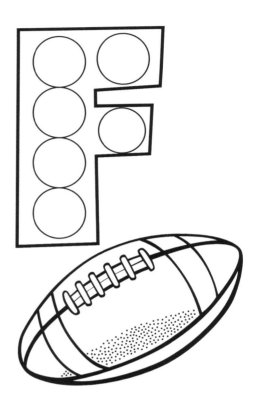

COPYRIGHT©

TABLE OF CONTENT

1. Number Tracing.

2. Match With Correct Number.

3. Count, Sum & Write The Correct Answer.

5. Letters Color and Dot Marker.

COLOR TEST

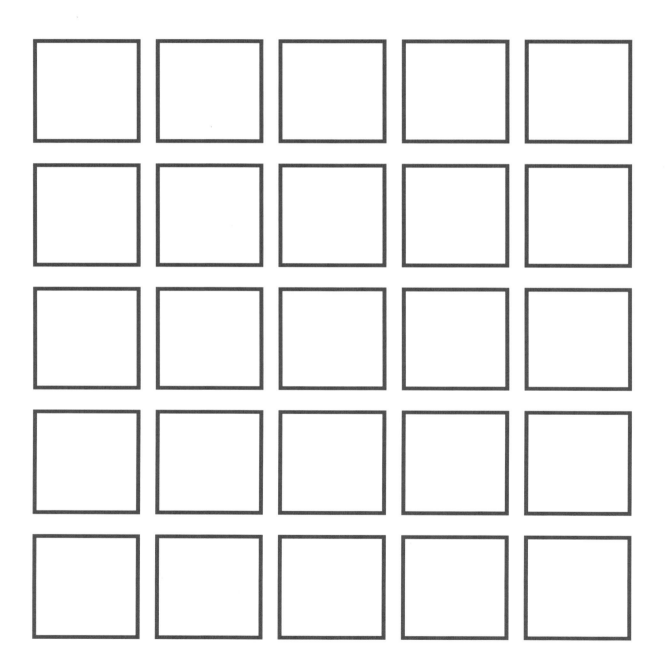

O   O

O O O O O O O O O O O

zero zero

zero zero

1 1

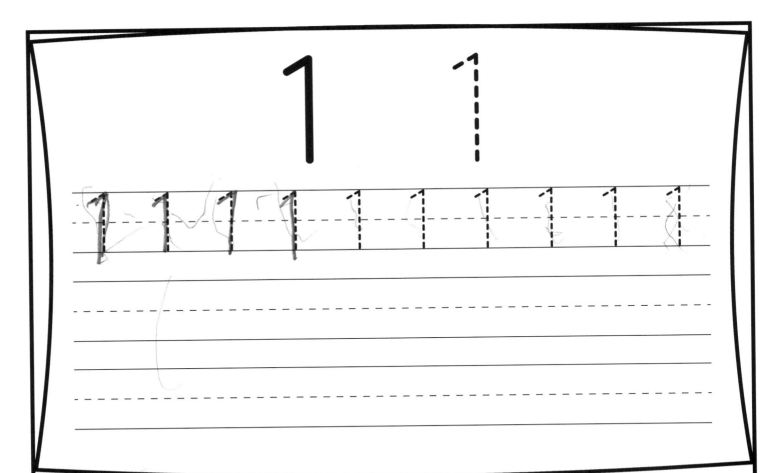

2 2

2 2 2 2 2 2 2 2 2 2

two two

two two

3 3

3 3 3 3 3 3 3 3 3 3 3

three   three

three   three

4 4

4 4 4 4 4 4 4 4 4 4

four four

four four

5 5

5 5 5 5 5 5 5 5 5 5 5

five five

five five

6 6

6 6 6 6 6 6 6 6 6 6

six   six

six   six

7 7

7 7 7 7 7 7 7 7 7 7 7 7 7

seven seven

seven seven

8 8

8 8 8 8 8 8 8 8 8 8

eight eight

eight eight

9   9

9 9 9 9 9 9 9 9 9 9

nine   nine

nine   nine

10 10

10 10 10 10 10 10 10 10 10

ten ten

ten ten

12

12   12 12 12 12 12

12   12 12 12 12 12

12   12 12 12 12 12

12   12 12 12 12 12

12

13

13 13 13 13 13 13

13 13 13 13 13 13

13 13 13 13 13 13

13 13 13 13 13 13

13

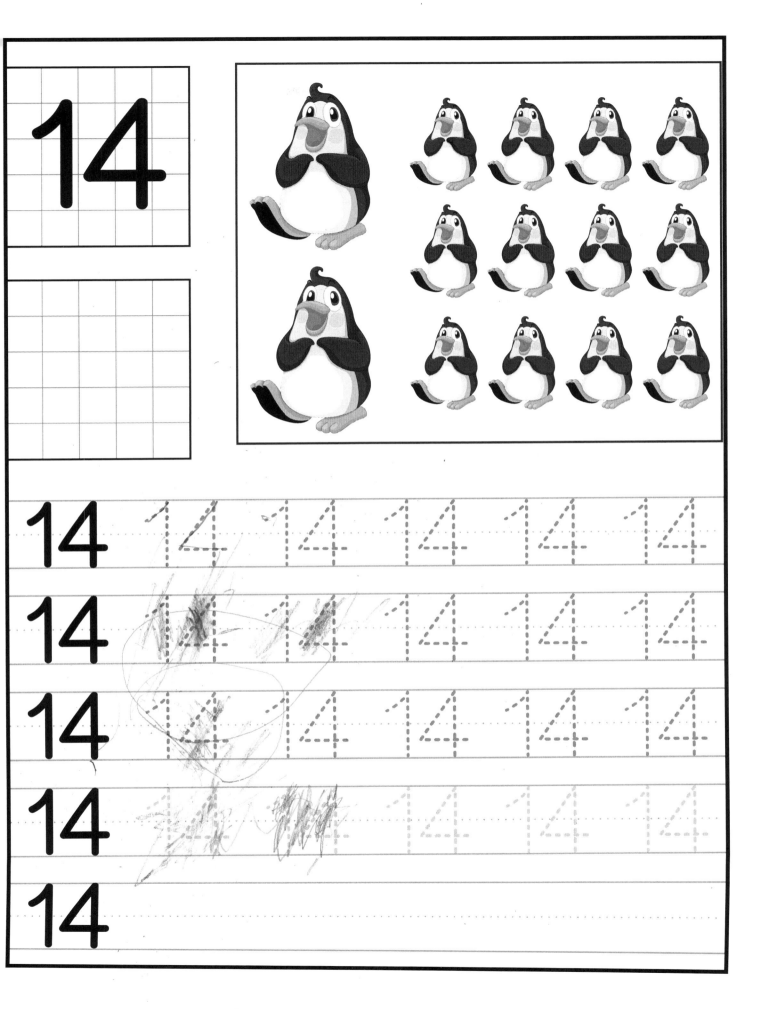

14

14 14 14 14 14 14

14 14 14 14 14 14

14 14 14 14 14 14

14 14 14 14 14

14

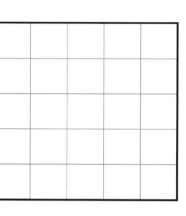

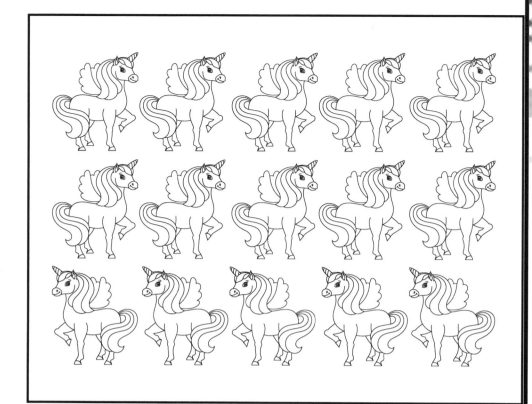

15 15 15 15 15 15 15

15 15 15 15 15 15 15

15 15 15 15 15 15 15

15 15 15 15 15 15 15

15

16

16 16 16 16 16 16 16

16 16 16 16 16 16 16

16 16 16 16 16 16 16

16 16 16 16 16 16 16

16

17

17 17 17 17 17 17 17 17

17 17 17 17 17 17 17 17

17 17 17 17 17 17 17 17

17 17 17 17 17 17 17 17

17

18

18 18 18 18 18 18 18

18 18 18 18 18 18 18

18 18 18 18 18 18 18

18 18 18 18 18 18 18

18

19

19

19 19 19 19 19 19 19

19 19 19 19 19 19 19

19 19 19 19 19 19 19

19 19 19 19 19 19 19

19

20

20 20 20 20 20 20

20 20 20 20 20 20

20 20 20 20 20 20

20 20 20 20 20 20

20

Match With Correct Number

5

4

3

2

1

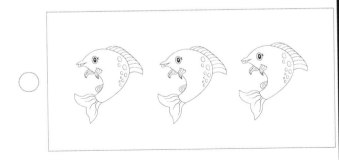

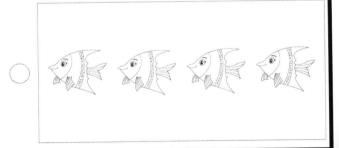

Match The Numbers

1	five
2	four
3	three
4	two
5	one

Match With Correct Number

1

9

6

5

7

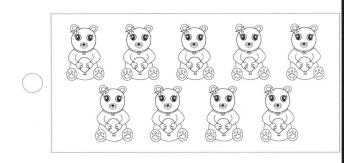

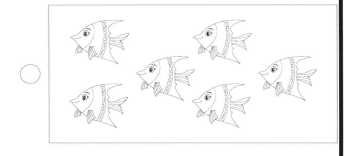

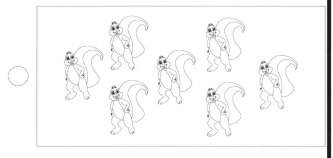

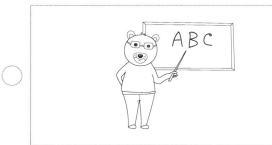

Match The Numbers

6 ○	○ **eight**
7 ○	○ **ten**
8 ○	○ **six**
9 ○	○ **seven**
10 ○	○ **nine**

Match With Correct Number

8

2

7

3

10

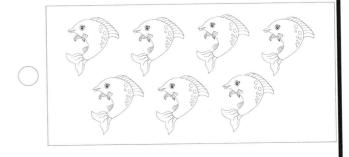

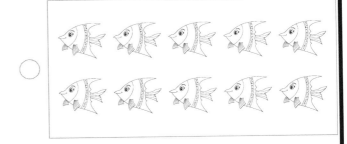

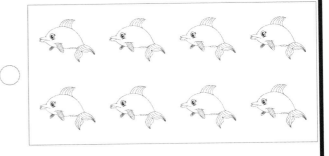

Match With Correct Number

9 ○　　　○

2 ○　　　○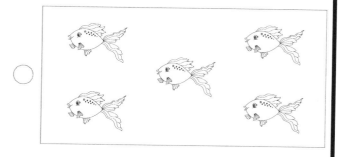

3 ○　　　○

5 ○　　　○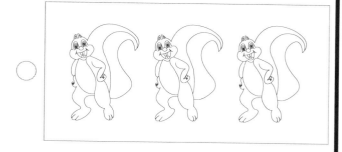

4 ○　　　○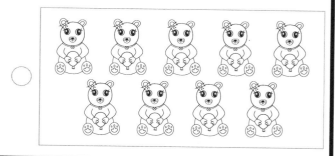

Match With Correct Number

3

2

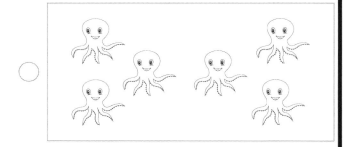

7

5

6

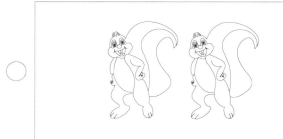

Count,Sum & Write The Correct Answer

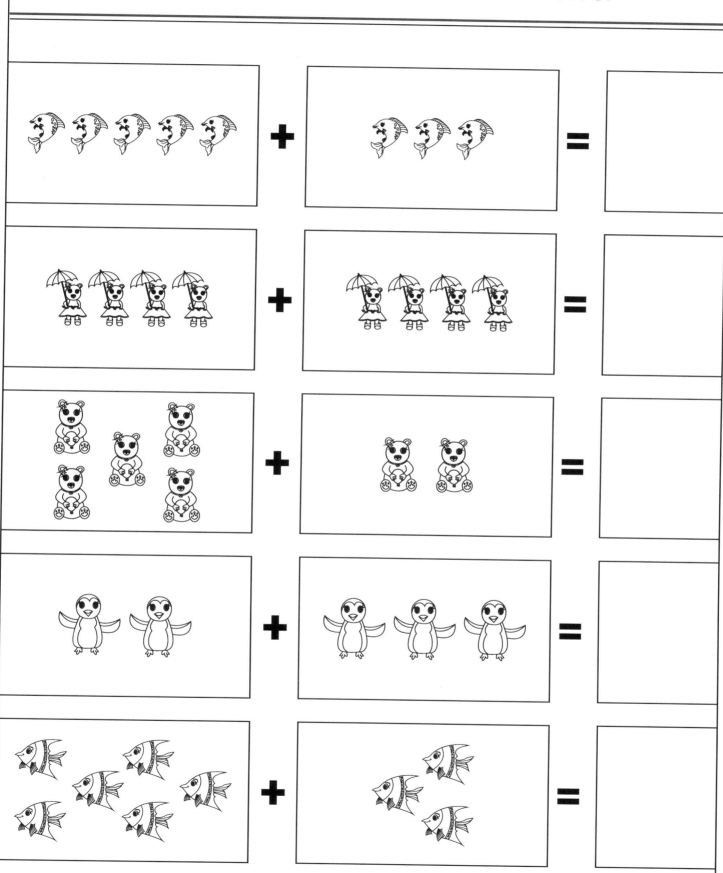

Count, Sum & Write The Correct Answer

2	+	**3**	=	
2	+	**0**	=	
0	+	**0**	=	
9	+	**1**	=	
3	+	**7**	=	

Count,Sum & Write The Correct Answer

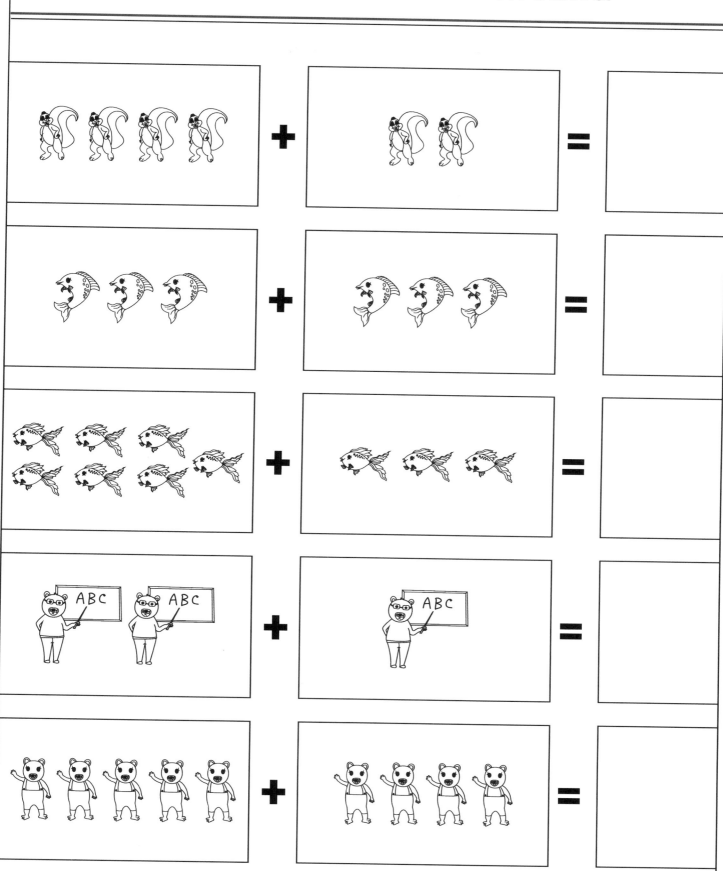

Count,Sum & Write The Correct Answer

7	+ 3	=
9	+ 0	=
0	+ 6	=
9	+ 4	=
3	+ 1	=

Count, Sum & Write The Correct Answer

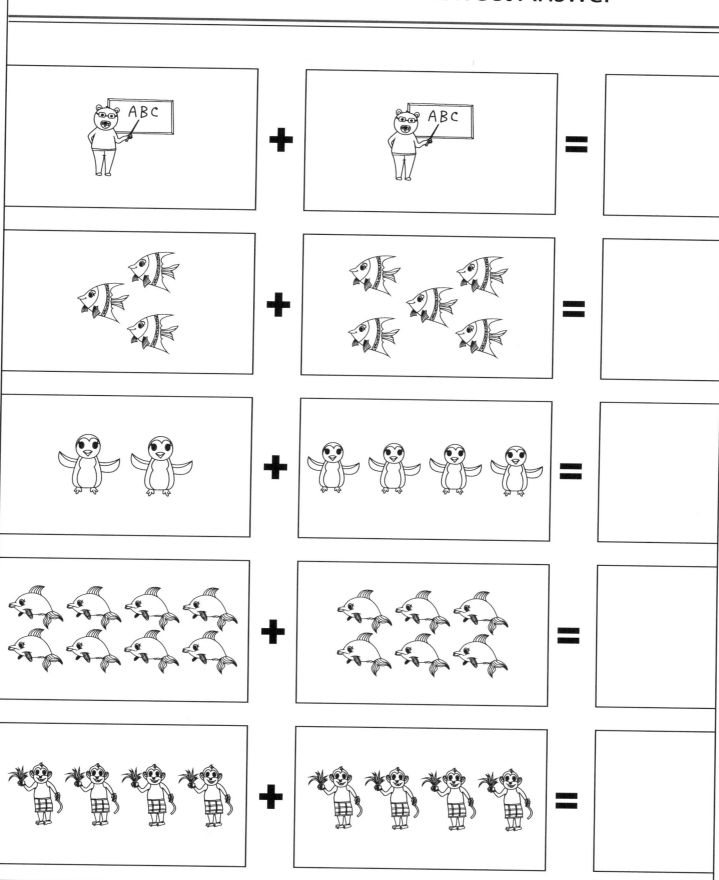

Count,Sum & Write The Correct Answer

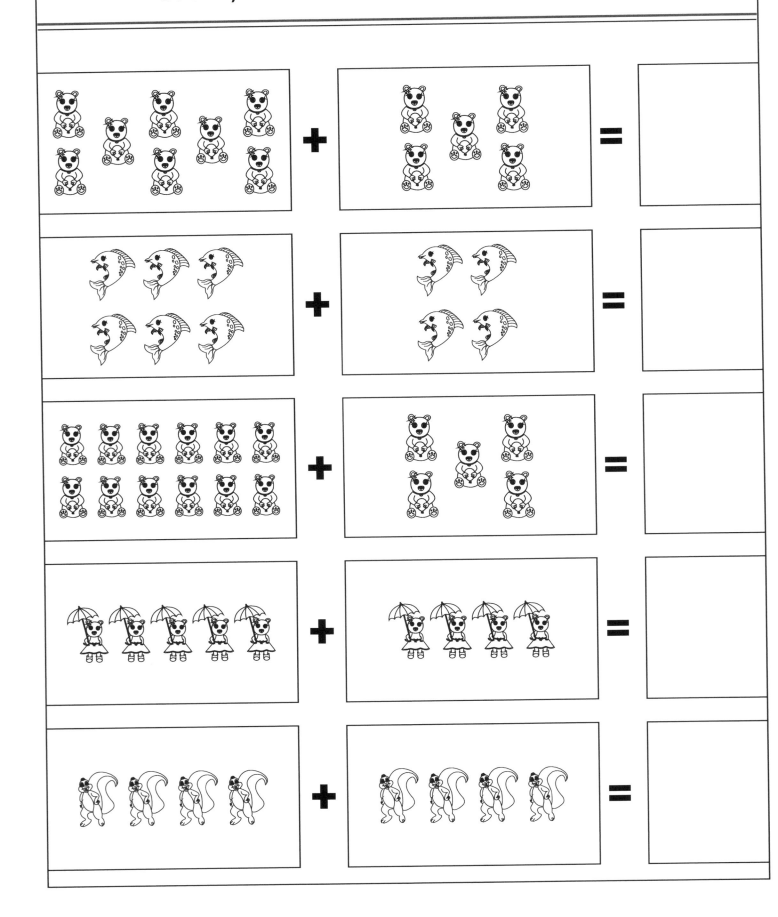

Count, Sum & Write The Correct Answer

$10 + 0 =$ ___

$7 + 3 =$ ___

$4 + 4 =$ ___

$0 + 8 =$ ___

$2 + 9 =$ ___

Count,Sum & Write The Correct Answer

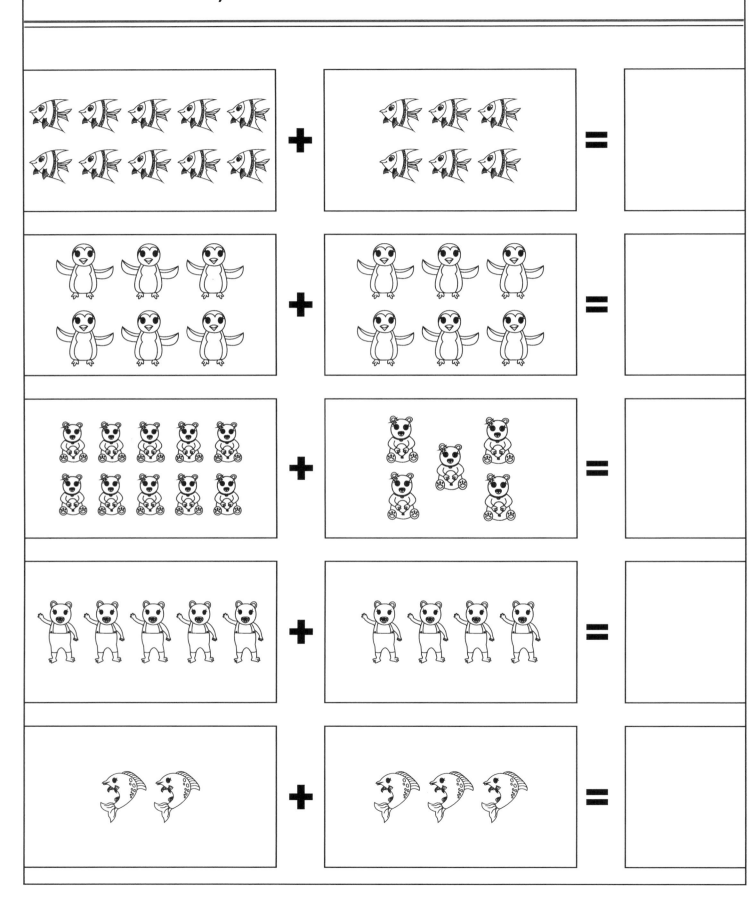

Count, Sum & Write The Correct Answer

$$11 + 5 = \boxed{}$$

$$4 + 9 = \boxed{}$$

$$1 + 10 = \boxed{}$$

$$5 + 0 = \boxed{}$$

$$12 + 3 = \boxed{}$$

Count, Sum & Write The Correct Answer

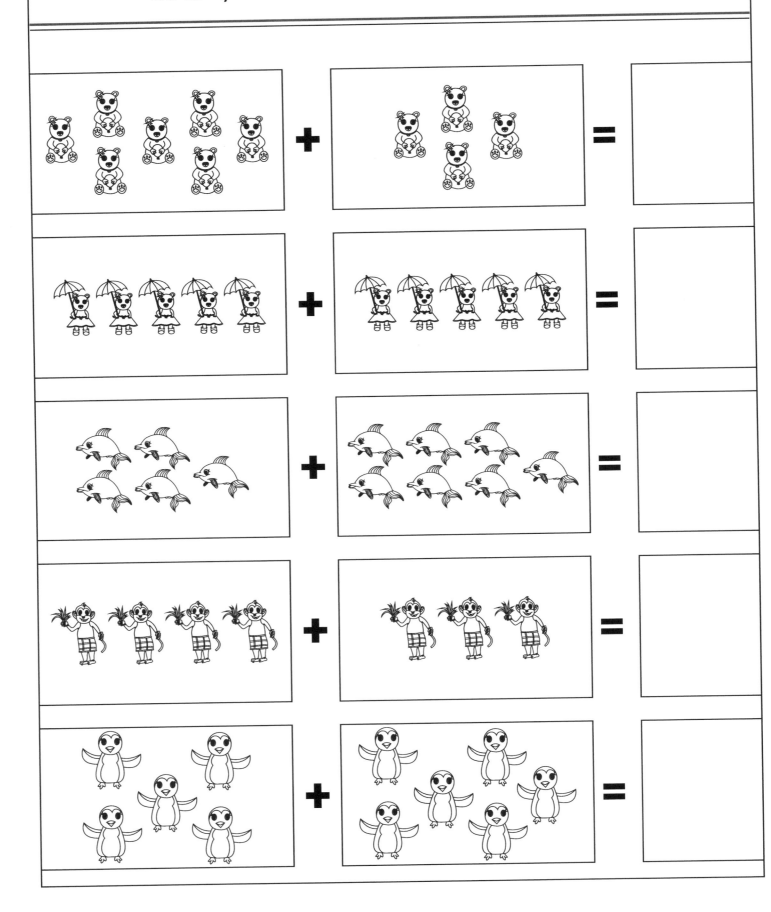

Count,Sum & Write The Correct Answer

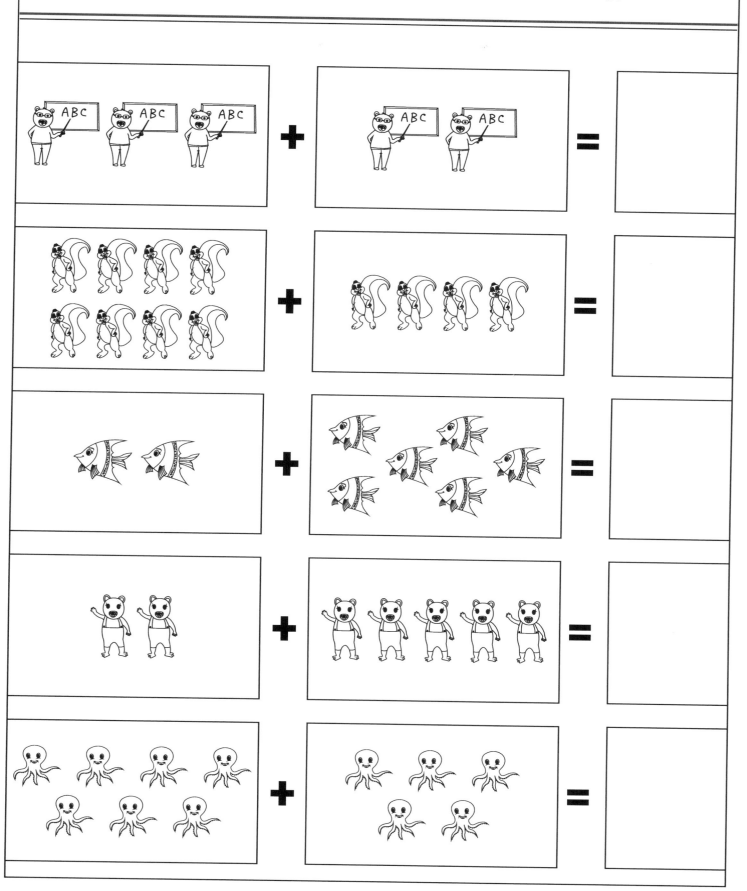

Count,Sum & Write The Correct Answer

5 + 6 =

7 + 8 =

9 + 8 =

4 + 3 =

2 + 6 =

Count,Sum & Write The Correct Answer

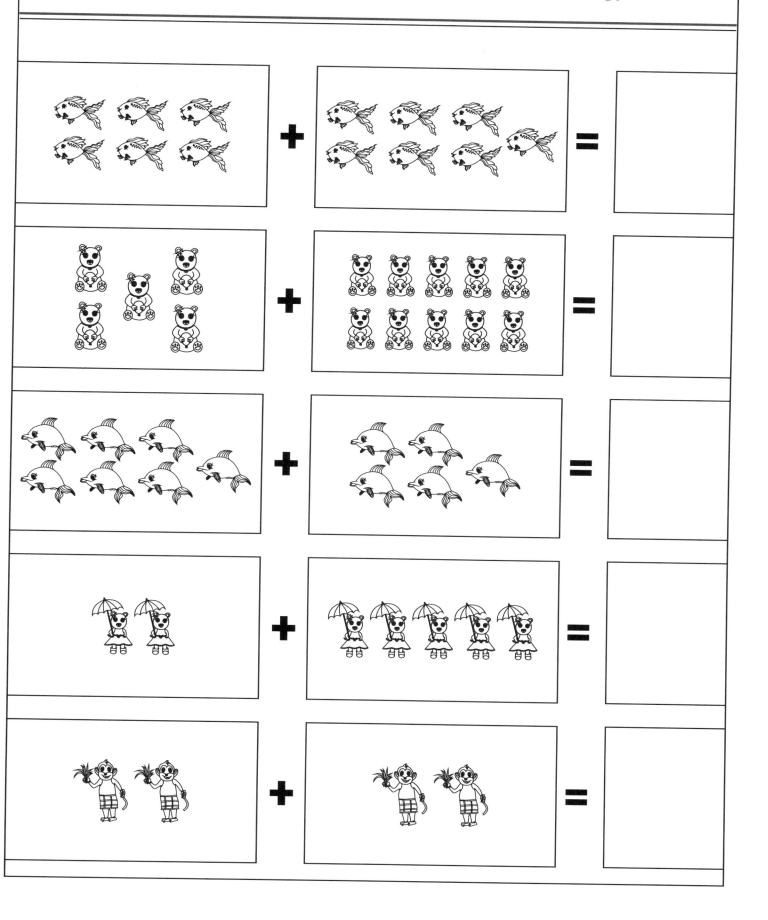

Count, Sum & Write The Correct Answer

14 + **1** =

10 + **5** =

11 + **4** =

13 + **2** =

9 + **7** =

Count, Sum & Write The Correct Answer

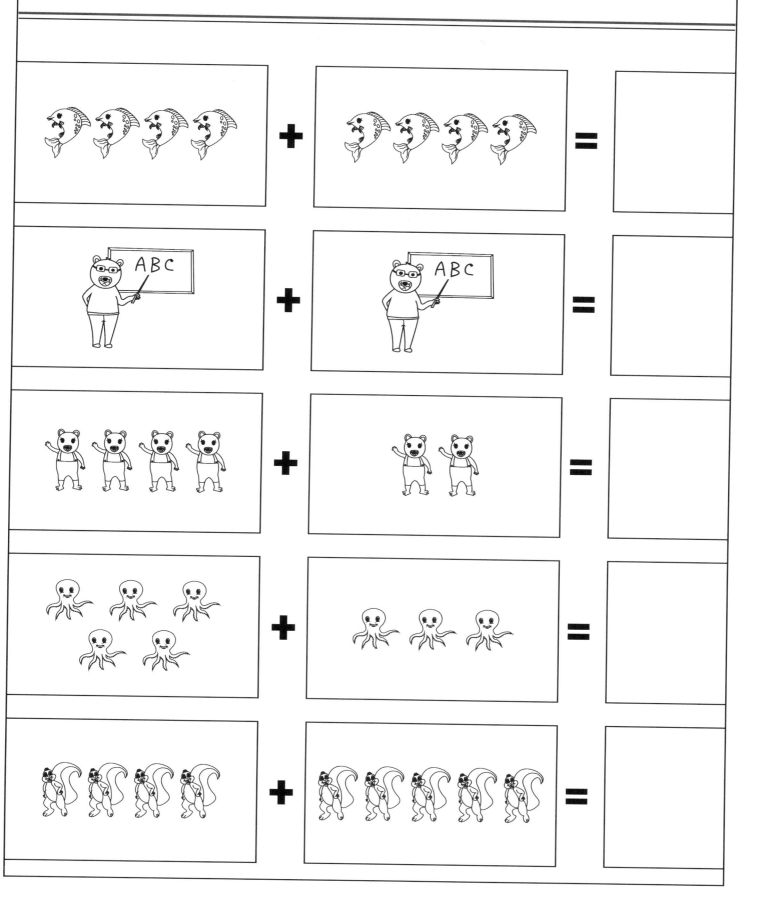

Count,Sum & Write The Correct Answer

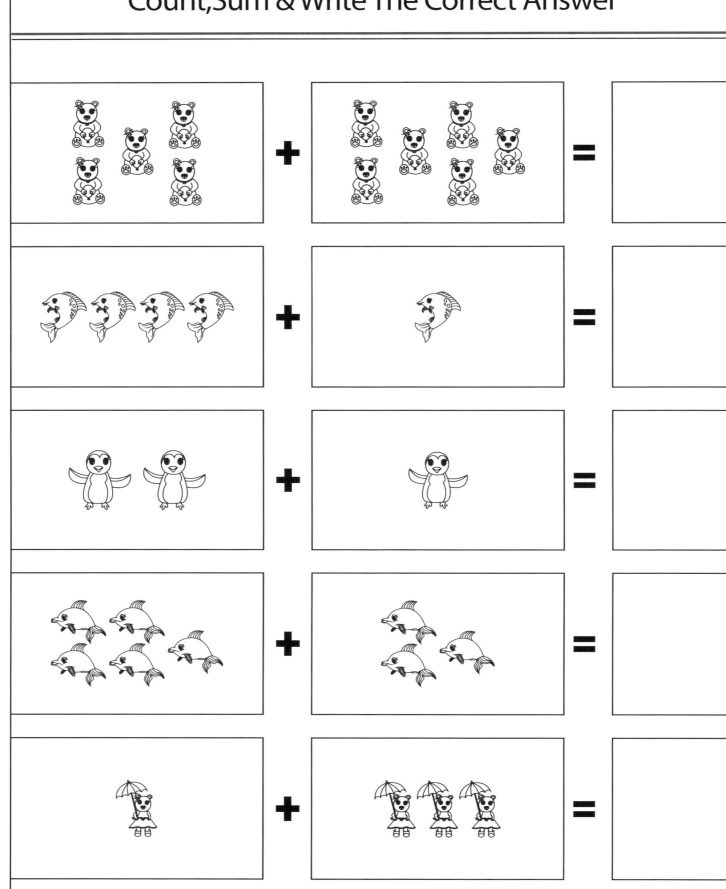

Count, Sum & Write The Correct Answer

14	**+**	**4**	**=**	
15	**+**	**5**	**=**	
11	**+**	**1**	**=**	
10	**+**	**0**	**=**	
7	**+**	**7**	**=**	

Count,Sum & Write The Correct Answer

10	+	3	=	
1	+	8	=	
11	+	1	=	
8	+	5	=	
9	+	7	=	

Count, Sum & Write The Correct Answer

$$1 + 9 = \boxed{}$$

$$6 + 6 = \boxed{}$$

$$9 + 3 = \boxed{}$$

$$6 + 8 = \boxed{}$$

$$10 + 4 = \boxed{}$$

Count,Sum & Write The Correct Answer

$$8 + 9 =$$

$$0 + 0 =$$

$$0 + 15 =$$

$$10 + 4 =$$

$$2 + 13 =$$

ARMY

BURRITO

CRAYONS

DOUBLE BASS

ELECTRIC GUITAR

FOOTBALL

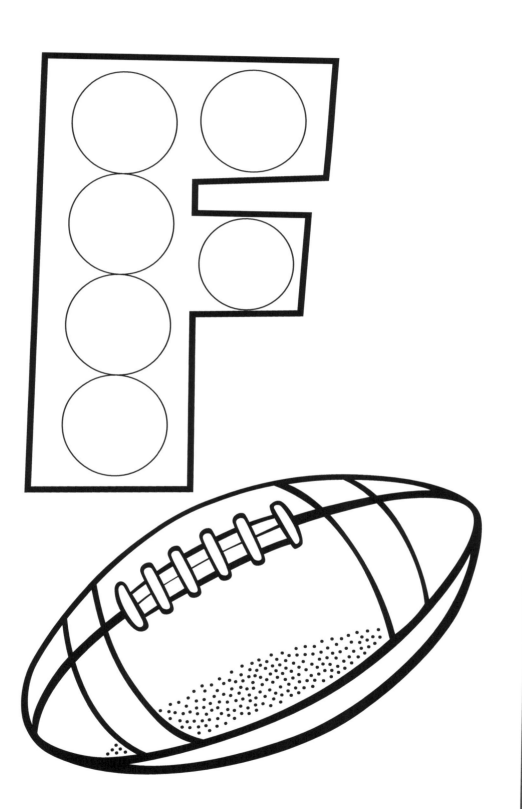

GUINEA PIG

HAM

INVENTOR

JUMP

KNOT

LOG

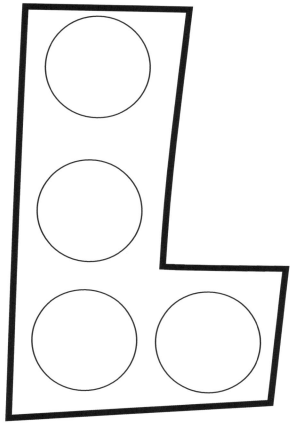

MONEY

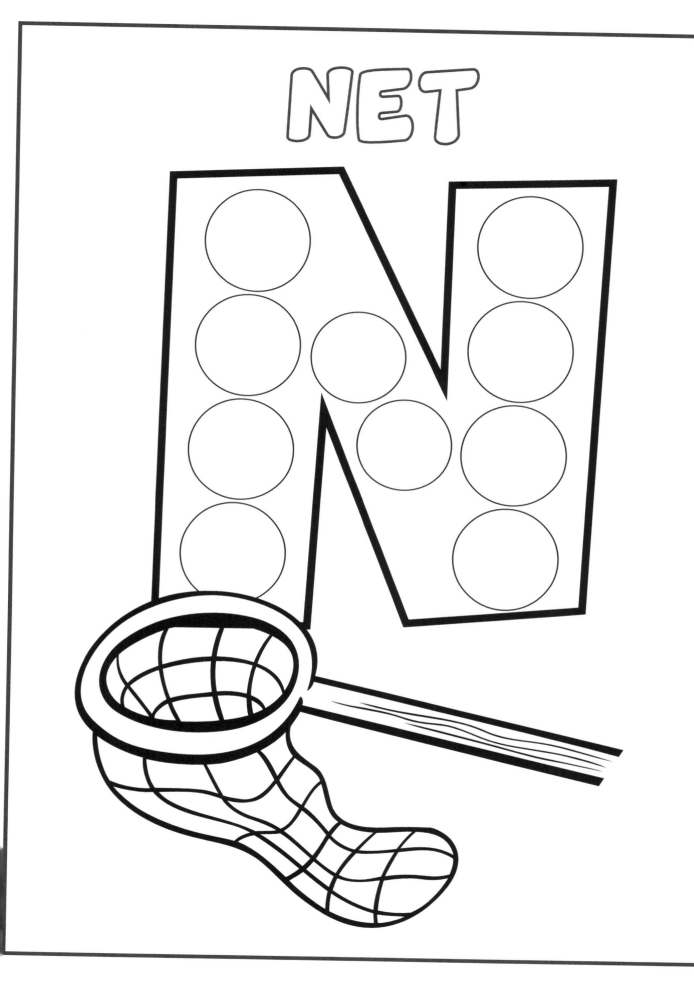

OTTER

PUPIL

QUETZAL

RAT

SANTA CLAUS

TARSIER

UNDER WATER

VULTURE

WHALE

XIMENIA

YAM

ZEBRA

Made in the USA
Monee, IL
09 February 2023